AF249741

PROJET DE DÉCRET

PRÉSENTÉ

AU COMITÉ DU TRAVAIL,

A L'ASSEMBLÉE NATIONALE,

Par A. GIRARDOT (de l'Allier),
Étudiant à la Faculté de Droit de Paris.

PARIS,

JULES MASSON, LIBRAIRE, RUE DE L'ANCIENNE-COMÉDIE, 26.

1848

Imprimerie BAILLY, DIVRY et COMP., place Sorbonne, 2.

LETTRE

ADRESSÉE

AU PRÉSIDENT DE L'ASSEMBLÉE NATIONALE.

Monsieur le Président,

Cédant à un vif désir de voir améliorer le sort des ouvriers honnêtes, par de sages et utiles institutions, j'ai eu l'honneur d'adresser, le 25 mars dernier, au Gouvernement provisoire, un Projet de Décret qui a été le développement des idées que j'ai cru devoir émettre, afin de concourir, autant qu'il est en moi, à la solution du grand problème de la réédification sociale !...

Ce Projet, qu'une étude plus sérieuse et mieux approfondie des besoins de notre époque m'a fait modifier, est celui que j'ai l'honneur de soumettre, par votre intermédiaire, Monsieur le Président, au Comité du Travail, nommé par l'Assemblée nationale.

Veuillez agréer, etc.

A. G...

Paris, ce 10 Juillet 1848.

SOMMAIRE.

Lettre au Président de l'Assemblée nationale. — Introduction du projet. — Vote d'un million. — Retenue de cinq centimes par franc. — Patrons. — Ouvriers. — Apprentis. — Bureau de placement. — Pensions de retraites. — Conditions qui donnent droit à ces pensions. — Veuves. — Secours. — Achat d'outils. — Blessures. — Infirmités — Maladies. — Inhumations. — Organisation administrative. — Placement des fonds. — Conclusion.

PROJET.

L'Assemblée nationale voulant donner une preuve de sympathie et ayant en vue d'améliorer la situation des classes laborieuses, a adopté le décret dont la teneur suit :

Dispositions générales.

ARTICLE PREMIER.

A dater du 1er janvier prochain il sera créé dans tous les chefs-lieux de préfectures, sous-préfectures et cantons du territoire de la République, présentement érigés, des Caisses de Secours et Retraites, sous le nom de *Caisses de Retraites des Travailleurs*.

ART. 2.

Pour faciliter l'établissement de ces Caisses et en former le premier noyau, l'Assemblée nationale vote *un million* qui sera réparti en autant de fractions qu'il y aura de Caisses à créer.

ART. 3.

Ces Caisses seront alimentées au moyen d'une retenue de *cinq centimes* par franc faite par chaque patron sur le salaire de l'ouvrier, de toutes professions (1).

ART. 4.

Aucune retenue ne sera faite avant que l'ouvrier soit âgé de plus de 16 ans.

ART. 5.

Cette retenue sera obligatoire à dater de l'époque ci-dessus fixée (1er janvier), et le patron qui aura négligé de la faire sera personnellement responsable de la somme à laquelle elle devra s'élever.

ART. 6.

Ces retenues seront par eux versées, fin de chaque mois, entre les mains du Secrétaire de la Commission dont il sera ci-après parlé, lequel en donnera récépissé sur un livret à ce destiné.

ART. 7.

Les ouvriers se pourvoiront directement, du 1er novembre au 1er janvier prochain (2), d'un livret conforme au modèle ci-annexé et le déposeront au fur et à mesure de leur entrée dans les ateliers, entre les mains du patron.

ART. 8.

Ce livret restera ainsi déposé tout le temps que l'ouvrier sera employé, de manière à pouvoir faire inscrire à la Caisse les versements des retenues ci-dessus stipulées.

L'ouvrier pourra néanmoins exiger par intervalles la

(1) On comprend aisément que si cette retenue n'était que facultative, la mesure deviendrait illusoire, et le but serait manqué. On sait, en effet, que plusieurs institutions qui ne reposaient que sur des versements volontaires n'ont pas tardé à cesser d'exister.

(2) On pourra se procurer des livrets, à dater du 1er novembre, à Paris et en province, dans les bureaux de la Direction, qui seront ultérieurement indiqués par une affiche spéciale.

représentation de son livret, pour s'assurer que les mentions de versements y sont insérées.

Art. 9.

Toute action judiciaire est d'ailleurs réservée contre les maîtres qui ayant opéré les retenues mensuelles à un ou plusieurs de leurs ouvriers, n'en auraient pas versé le montant, conformément à l'art. 6.

Ces créances seront privilégiées.

Art. 10.

Les ouvriers travaillant isolément et sans le concours de patrons, devront, pour participer aux avantages attachés à cette institution, porteurs de livrets, faire personnellement et mensuellement le versement de la retenue de *cinq centimes* prescrit en l'art. 3.

Art. 11.

Le défaut de versement pendant plus de deux ans, sauf le cas prévu par l'art. 13 ci-après, acquerra au profit de la Caisse tous les dépôts antérieurs; et le temps exigé pour la Pension de retraite ne courra qu'à dater du prochain versement.

Art. 12.

Le temps pendant lequel les versements auront été suspendus sera déduit de celui exigé pour la Pension de retraite.

Art. 13.

Les ouvriers qui auront suspendu leurs versements par suite de leur présence sous les drapeaux, seront admis à se faire relever de la déchéance qu'ils auront encourue, en, par eux, faisant à la Caisse le versement intégral de la somme qu'ils auraient dû verser s'ils eussent été présents.

Art. 14.

La mort d'un ou plusieurs Déposants ne donnera droit à aucun retrait, ni à aucune restitution. Les sommes versées resteront acquises à la Caisse commune.

Administration supérieure.

ART. 15.

Un Directeur général inspecteur, résidant à Paris, à la nomination du ministre de l'intérieur, fera annuellement un Rapport sommaire sur l'état particulier des Caisses.

ART. 16.

Un Caissier central et un Secrétaire général, tous deux nommés par le ministre, avec garantie de cautionnement pour le premier.

ART. 17.

Les traitements de ces fonctionnaires généraux seront fixés ultérieurement par le ministre.

Administration inférieure.

ART. 18.

Un Conseil d'administration, institué sous le nom de *Commission du Travail*, sera établi dans tous les chefs-lieux où il y aura une Caisse.

ART. 19.

Cette Commission sera composée de huit membres, quatre patrons et quatre ouvriers; ils seront nommés, à l'élection, par trente ouvriers résidant dans le chef-lieu, dont les noms seront tirés au sort entre ceux des ouvriers inscrits dans les mairies sur les listes électorales, d'après le suffrage universel; ce tirage sera fait par le maire en séance du Conseil municipal tous les ans en janvier.

ART. 20.

Le Président de cette Commission sera nommé à l'élection par le Conseil municipal et pris dans ses membres.

ART. 21.

Il convoquera la Commission qui délibérera en simple majorité et aura voix prépondérante.

Fonctions et Attributions de la Commission.

ART. 22.

1° Se réunir au moins deux fois par mois, pour statuer sur les demandes de secours en pensions, travaux, etc., etc.

2° Tenir un registre où seront inscrits : d'une part les noms des ouvriers sans ouvrage, de l'autre ceux des maîtres demandant des ouvriers, afin que par cet intermédiaire la Commission fonctionne aussi comme bureau de placement.

La même mesure sera appliquée pour le placement des apprentis.

3° Faire visiter par un ou plusieurs délégués les ouvriers malades, aussitôt qu'il en aura été donné connaissance à l'un des membres de la Commission.

4° Convoquer les corporations aux inhumations, s'y faire représenter par un délégué, et faire généralement tout ce que la charité commande.

ART. 23.

Les fonctions de cette Commission seront essentiellement gratuites.

ART. 24.

Elle pourra, sur la demande des parties, se constituer en Conseil de prud'hommes, et statuer sur les différends qui surviendraient entre ouvriers et patrons.

Son ministère sera surtout la conciliation.

ART. 25.

Un Secrétaire chargé de la rédaction des procès-verbaux, de la caisse et des détails, sera adjoint à chaque Commission.

ART. 26.

Il sera nommé par le Directeur général, sur la présentation de la Commission, de trois candidats, réunissant les conditions de moralité et de capacité requises.

ART. 27.

Le Secrétaire sera, comme le Caissier central, astreint à fournir un cautionnement, lequel sera déterminé par une instruction spéciale.

ART. 28.

Le traitement des Secrétaires sera fixé ainsi qu'il suit :

Paris,	3,000 fr.
Chefs-lieux de préfecture,	1,500
Chefs-lieux de sous-préfecture,	1,300
Cantons,	1,000

ART. 29.

Il y aura franchise de correspondance entre le Directeur général et le Président de chaque Commission, et ce, dans les règles ordinaires.

ART. 30.

Les appointements des Secrétaires seront prélevés sur les caisses ; ceux du Directeur général, des Caissiers et Secrétaires généraux seront payés sur les fonds de l'État.

Nature des Secours et Pensions.

ART. 31.

Dans les cas de nécessité reconnue, la Commission réunie pourra voter des secours d'urgence, soit pour achat d'outils ou autre cause.

Ces secours ne devront jamais dépasser 40 fr., sans qu'il en ait été conféré avec l'autorité supérieure, et sans en avoir obtenu de celle-ci l'autorisation expresse.

Cas de Maladie.

ART. 32.

Sur le rapport qui lui sera fait, d'un cas de maladie, la Commission fixera les secours ansi qu'il suit :

Pendant les 10 premiers jours le malade recevra	1 50
Les 10 jours suivants,	1 25
idem.	1 »
idem.	» 75
idem.	» 50

Le minimum étant fixé à 50 c., le malade recevra cette subvention, jusqu'à son rétablissement.

ART. 33.

Descendu au minimum, le secours ne pourra être augmenté, qu'en cas de rechute, ou de nécessité absolue.

La Commission sera appelée à en décider.

Décès.

ART. 34.

En cas de décès, la Commission votera, pour frais d'inhumation, une somme qui ne pourra excéder 60 fr.; elle fera convoquer la corporation qui devra assister au convoi, et y sera représentée par un délégué.

Pensions.

ART. 35.

La pension est fixée à 500 francs.

ART. 36.

Elle sera payable par douzièmes, du 1er au 5 de chaque mois.

ART. 37.

Auront droit à la pension :

1° Les ouvriers réunissant les conditions suivantes :

60 ans d'âge,

25 ans de travail (ou 300 versements, à intervalles d'un mois).

2° Les veuves des ouvriers qui auront déjà touché un terme au moins de la pension (un 12e); sauf ce cas, il ne pourra être accordé qu'un secours, qui n'excédera pas 100 francs.

Retraites exceptionnelles

ART. 38.

L'ouvrier ayant travaillé 10 ans au moins, depuis son inscription aux registres de la Direction, qui, par suite d'accident, serait atteint de blessures ou infirmités (dûment constatées), contractées dans l'exercice de son industrie, pourra être admis, par anticipation, à la pension de retraite, sur l'avis de la Commission.

Il devra même, sauf ce cas, avoir versé exactement à la caisse la prime fixée à l'art. 3, pendant les dix premières années écoulées.

ART. 39.

Dans le cas prévu en l'article précédent, aucune décision ne sera prise sans qu'une Commission composée de trois médecins (portés sur une liste dressée par les soins du Conseil de Direction) n'ait donné son avis motivé, sur les causes, la nature et la gravité des blessures ou infirmités.

ART. 40.

Dans les cas exceptionnels, les pensions ne seront accordées qu'avec l'assentiment du Directeur général.

Brevets de Pensions.

ART. 41.

Un certificat d'inscription, ou brevet, sera délivré, par l'Administration, au travailleur réunissant les conditions exigées pour la pension de retraite.

ART. 42.

Ce brevet sera signé du Directeur général inspecteur, du Secrétaire général, et visé pour être payé dans tel lieu... par le Président de la Commission qui aura transmis la proposition à la Direction générale.

ART. 43.

Il portera un numéro d'ordre et l'estampille de la Direction générale de Paris.

ART. 44.

Des instructions particulières règleront, en temps et lieu, la marche à suivre et les documents à produire à la Direction générale, lorsqu'il sera question de secours extraordinaires à demander, liquidations de pensions de retraite, etc.

Grand Livre.

ART. 45.

Un registre spécial, appelé *Grand Livre des Travailleurs,* sera tenu à la Direction générale. — Chaque ouvrier ayant fait un versement dans une des caisses particulières, y sera inscrit, avec mention de la date de son premier versement.

ART. 46.

Ce registre, qui sera la reproduction textuelle de ceux des caisses particulières, servira à contrôler et à déterminer le temps du travail, lorsqu'il s'agira de la liquidation des pensions.

Mention y sera faite des noms et du temps pendant lequel les versements auront été suspendus.

ART. 47.

Chaque travailleur y aura son compte ouvert.

Emploi ou Placement des Fonds.

ART. 48.

Du 1er au 15 de chaque mois, les Secrétaires verseront les deux tiers des recettes qu'ils auront faites, savoir : dans les chefs-lieux de préfectures, aux bureaux des receveurs généraux; dans les sous-préfectures et cantons, dans ceux des receveurs particuliers (1), et à Paris, directement à la Caisse des Dépôts et consignations.

ART. 49.

Toutefois, exceptionnellement et par dérogation aux dispositions de la loi du 28 avril 1816, les sommes provenant des caisses sus-enoncées, seront productives d'intérêt, au taux de 4 p. 100, à compter du huitième jour qui suivra le versement.

(1) Caisse des dépôts et consignations.

Art. 50.

Un règlement particulier fixera le chiffre au delà duquel les caissiers ne devront conserver, à titre de fonds courants, le tiers des recettes, comme il est expliqué en l'article 48, ainsi que les cas d'urgence, où des retraits pourraient être autorisés, et généralement tous les cas non prévus par les dispositions qui précèdent.

—

CONCLUSION.

Tel est, Messieurs les membres du Comité, le projet que j'ai l'honneur de vous soumettre. Tout imparfait qu'il soit, j'ose cependant espérer que vous y trouverez quelque idée pratique, que vous pourrez mettre à profit, dans la tâche difficile qui vous est confiée.

Plusieurs chefs d'ateliers, ouvriers et patrons, auxquels j'ai donné connaissance de ce projet, m'ont affirmé qu'ils le trouvaient en rapport avec les besoins des populations laborieuses. Deux ouvriers entr'autres me disaient il y a peu de jours : « Assurez à la Commission que c'est « le vœu de tous les bons ouvriers ; c'est l'expresion com- « plète de nos besoins. »

Ce témoignage d'hommes beaucoup plus compétents que moi, sans doute, en cette matière, m'a été, je l'avoue, un puissant motif d'encouragement à cette publication, et une des causes qui m'ont déterminé à la soumettre à votre judicieuse appréciation.

Je n'entrerai dans aucune des considérations générales ou particulières, qui tendraient à démontrer l'utilité ou l'opportunité de la création que je propose ; je dirai seulement que le premier bienfait, bienfait inappréciable pour la société, qui en devra naturellement découler (dans l'hypothèse que j'ai embrassée), sera, sans contredit, de restreindre le paupérisme, qui semble faire chaque jour des progrès effrayants pour l'humanité, en stimulant le zèle de l'ouvrier intelligent !...

A. G.

(1re PAGE DU LIVRET.)

—

N°

PROFESSION D

Nom

Prénoms

Né à

le

A le

Le Secrétaire.

(2e FEUILLET. — *CORPS DU LIVRET.*)

DATE DU JOUR où la Retenue a commencé.	NOM DU PATRON.	NOM DE L'OUVRIER.	GAIN PAR JOUR.	NOMBRE de Journées de Travail.	SOMME VERSÉE.	NUMÉRO du Registre de Caisse.	DATE du Versement.	RÉCÉPISSÉ délivré PAR LE PRÉPOSÉ de la Caisse.
1er juin	M....	B....	4 fr.	30	6 fr.	»	1 juill.	Reçu du 1er juin au 1er juillet inclus. *Signé.* (Timbre.)

www.ingramcontent.com/pod-product-compliance
Lightning Source LLC
LaVergne TN
LVHW050437060726
842526LV00007B/2637

* 9 7 8 2 0 1 4 0 4 1 0 6 4 *